一年生《いちねんせい》の かん字《じ》 まずは これだけ

かくすう さくいん

●この ドリルで あつかって いる かん字《じ》の ページすうを しめして います。

かん字《じ》の かくすうは、ひとふでで かく ぶぶんを 1かくと して かぞえます。
「口」は かくです。

1かく

かん字	ページ
一	3

2かく

かん字	ページ
九	5　45
七	5　45
十	5
人	17
二	3
入	39　47
八	5　47
力	53

3かく

かん字	ページ
下	31
口	19
三	3
山	23
子	17
女	17
小	
上	31
千	51
川	23
大	53
土	11

4かく

かん字	ページ
円	
王	17
火	9
月	9
犬	33
五	3　47
手	19
水	9
中	
天	25
日	11　47
文	
木	9
六	5　47

5かく～12かくは，2ページに あります。

1 いっしょに おぼえる 一年生《いちねんせい》で ならう かん字《じ》 ①
（一・二・三・四・五）

月　日

てん

1 かん字《じ》を なぞって、つかいかたを おぼえましょう。（ひとつ 6てん）

※ ▢ の よみかたを おぼえよう。

◀上《うえ》の お手本《てほん》を 見《み》ながら なぞろう。

一（とめる）

よみかた：**イチ** イツ ひと ひとつ

二（ながく）

よみかた：**ニ** ふた ふたつ

三（ながく）

よみかた：**サン** み みつ みっつ

四（まげる）

よみかた：**シ** よ・よつ よっつ よん

五

よみかた：**ゴ** いつ いつつ

一《いち》

一月一日《がつついたち》。

二《に》

二月三日《がつみっか》。

三《さん》

三月三日《がつみっか》。

四《し》

四月《がつ》に なる。

五《ご》

五月五日《がついつか》。

2 かん字《じ》を かいて、つかいかたを おぼえましょう。（ひとつ　7てん）

※うすい 字《じ》は なぞろう。

(1) 一《いち》ばんめ。

□《いち》月《がつ》の さむさ。

(2) 二《に》年生《ねんせい》。

□《に》月《がつ》の ゆき。

(3) 三《さん》かく。

□《さん》月《がつ》に なる。

(4) 四《し》かくい かみ。

□《し》月《がつ》の 天気《てんき》。

(5) 五《ご》人《にん》 のこる。

□《ご》月《がつ》の 休《やす》み。

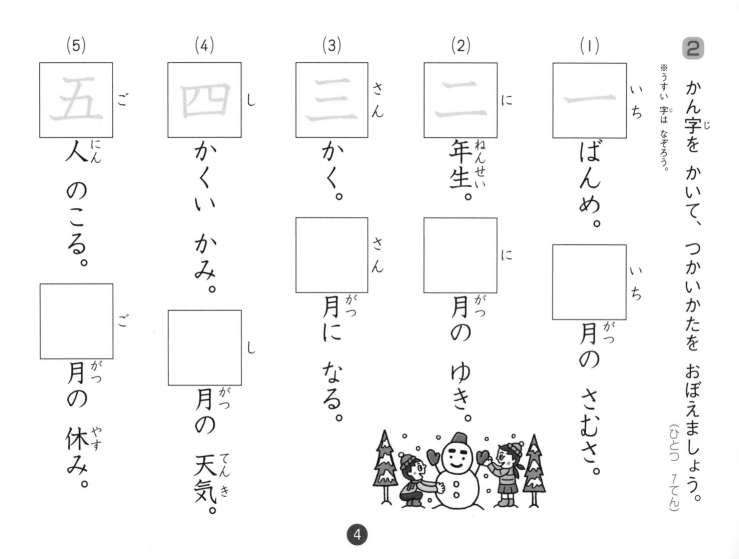

2 いっしょに おぼえる 一年生《いちねんせい》で ならう かん字《じ》 ②
（六・七・八・九・十）

月　日

てん

1 かん字《じ》を なぞって、つかいかたを おぼえましょう。（ひとつ 6てん）

※ ▭ の よみかたを おぼえよう。

六
はらう　とめる
よみかた
ロク
む・むつ
むっつ
むい

七
まげる　とめる
よみかた
シチ
なな
ななつ
なの

八
あける
よみかた
ハチ
や・やつ
やっつ
よう

九
まげる　はねる
よみかた
キュウ
ク
ここ・ここの
ここのつ

十
したを ながく
よみかた
ジュウ
ジッ
とお
と

ろく
六さい。

しち
七五三《ごさん》。

はち
八月八日《がつようか》。

きゅう
九ばんめ。

じゅう
十円玉《えんだま》。

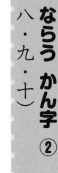

2 かん字《じ》を かいて、つかいかたを おぼえましょう。（ひとつ 7てん）

(1) 六《ろく》年生《ねんせい》。
□《ろく》さいに なる。

(2) 七《しち》年《ねん》まえ。
□《しち》五三《ごさん》を いわう。

(3) 八《はち》じに ねる。
□《はち》月《がつ》の よてい。

(4) 九《きゅう》かい とぶ。
□《きゅう》ばんめの 人《ひと》。

(5) 十《じゅう》月《がつ》生《う》まれ。
□《じゅう》円玉《えんだま》が たまる。

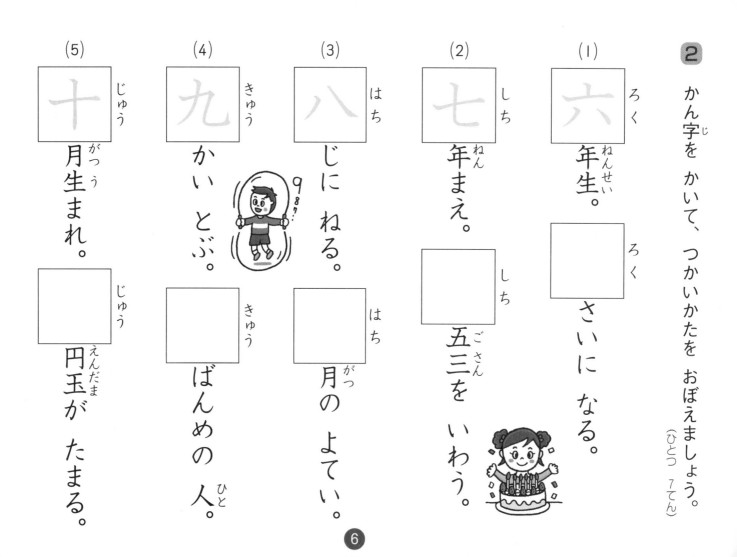

3 おぼえたかな？ チェック①

月　日

てん

1 かん字《じ》の よみがなを かきましょう。（ひとつ 5てん）

(1) 一ばんめ。（　）

(2) 六年生《ねんせい》。（　）

(3) 二年生《ねんせい》。（　）

(4) 八じ十《じっ》ぷん。（　）

(5) 三かく。（　）

(6) 七五《ご》三《さん》。（　）

(7) 十月《がつ》十日《とおか》。（　）

(8) 五人《にん》ばやし。（　）

(9) 四月《がつ》四日《よっか》。（　）

(10) 九かいめ。（　）

2 かん字《じ》を かきましょう。（ひとつ 5てん）

(1) □《いち》月《がつ》十日《とおか》。

(2) □《ろく》月《がつ》生《う》まれ。

(3) □《に》月《がつ》二日《ふつか》。

(4) □《しち》年《ねん》かん。

(5) □《はち》月《がつ》二十日《はつか》。

(6) □《さん》月《がつ》三日《みっか》。

(7) □《きゅう》ばんめ。

(8) □《し》月《がつ》一日《ついたち》。

(9) □《ご》月《がつ》五日《いつか》。

(10) □《じゅう》円《えん》玉《だま》。

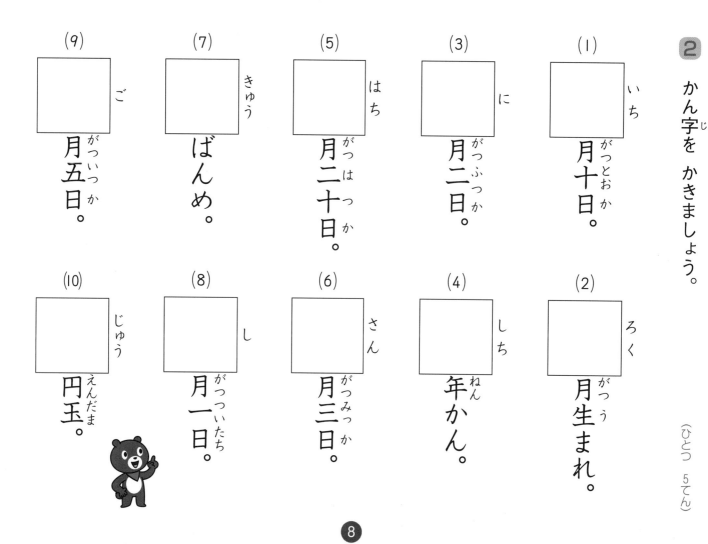

4 いっしょに おぼえる 一《いち》年《ねん》生《せい》で ならう かん字《じ》 ③
（月・火・水・木・金）

月　日

てん

1 かん字《じ》を なぞって、つかいかたを おぼえましょう。（ひとつ 6てん）

※ ▒ の よみかたを おぼえよう。

月（はねる）
よみかた：**ゲツ**　ガツ　つき

火（はらう）
よみかた：**カ**　ひ　（ほ）

水（はねる・はらう）
よみかた：**スイ**　みず

木
よみかた：ボク　**モク**　き・こ

金（ながく）
よみかた：**キン**　コン　かね　かな

月《げつ》よう日《び》。

火《か》よう日《び》。

水《すい》よう日《び》。

木《もく》よう日《び》。

金《きん》よう日《び》。

２ かん字《じ》を かいて、つかいかたを おぼえましょう。（ひとつ　7てん）

(1) らい月《げつ》の よてい。
□《げつ》よう日《び》。

(2) 火《か》じを ふせぐ。
□《か》よう日《び》。

(3) 水《すい》どうの 水《みず》。

□《すい》よう日《び》。

(4) ざい木《もく》おきば。
□《もく》よう日《び》。

(5) 金《きん》の ゆびわ。

□《きん》よう日《び》。

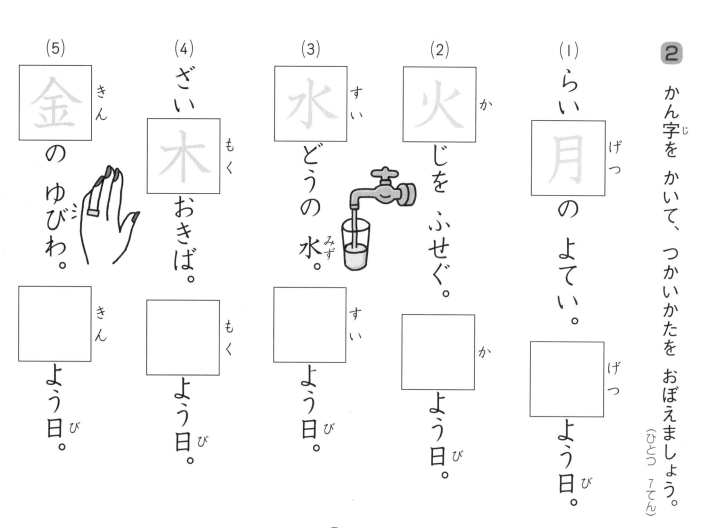

5 いっしょに おぼえる 一年生《いちねんせい》で ならう かん字《じ》 ④

（土・日・白・赤・青）

月　日

てん

1 かん字《じ》を なぞって、つかいかたを おぼえましょう。（ひとつ 6てん）

※ ▨ の よみかたを おぼえよう。

漢字	よみかた
土	**ド** ト つち
日	**ニチ** ジツ ひ・か
白	ハク （ビャク） しろ・しら **しろい**
赤	セキ （シャク） あか **あかい** あからむ あからめる
青	セイ （ショウ） あお **あおい**

土《ど》よう日《び》。

日《にち》よう日《び》。

白《しろ》い ゆき。

赤《あか》い 花《はな》。

青《あお》い 空《そら》。

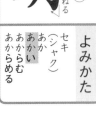

2 かん字《じ》を かいて、つかいかたを おぼえましょう。（ひとつ　7てん）

(1) ねん土《ど》で つくる。　□《ど》よう日《び》。

(2) まい日《にち》。　□《にち》よう日《び》。

(3) 白《しろ》い シャツ。　□《しろ》い は。

(4) 赤《あか》い リボン。　□《あか》い かさ。

(5) 青《あお》い うみ。　□《あお》い とり。

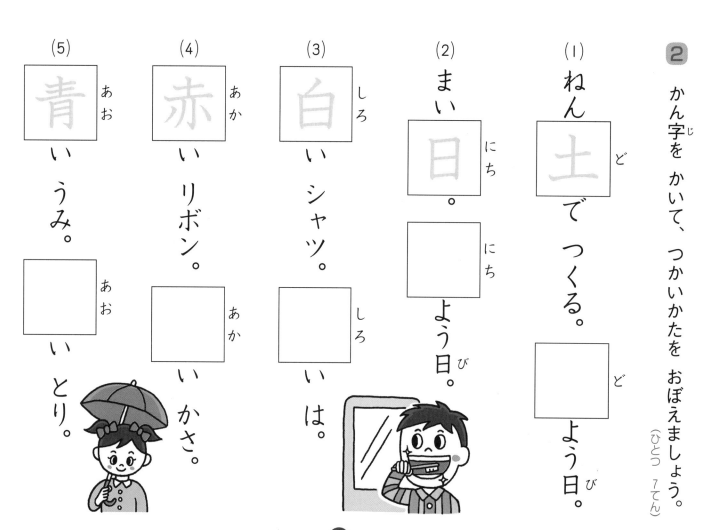

6 おぼえたかな？ チェック ②

月　日

てん

1 かん字《じ》の よみがなを かきましょう。（ひとつ 5てん）

(1) らい月。（　）

(2) 火じを けす。（　）

(3) 水どう。（　）

(4) 白い くも。（　）

(5) ざい木。（　）

(6) まい日 あう。（　）

(7) 金いろ。（　）

(8) 赤い 花《はな》。（　）

(9) ねん土。（　）

(10) 青い うみ。（　）

2 かん字《じ》を　かきましょう。

（ひとつ　5てん）

(1) □《げつ》よう日《び》。

(2) □《しろ》い糸《いと》。

(3) □《か》よう日《び》。

(4) □《すい》よう日《び》。

(5) □《もく》よう日《び》。

(6) □《あか》い花《はな》。

(7) □《あお》い空《そら》。

(8) □《きん》よう日《び》。

(9) □《ど》よう日《び》。

(10) □《にち》よう日《び》。

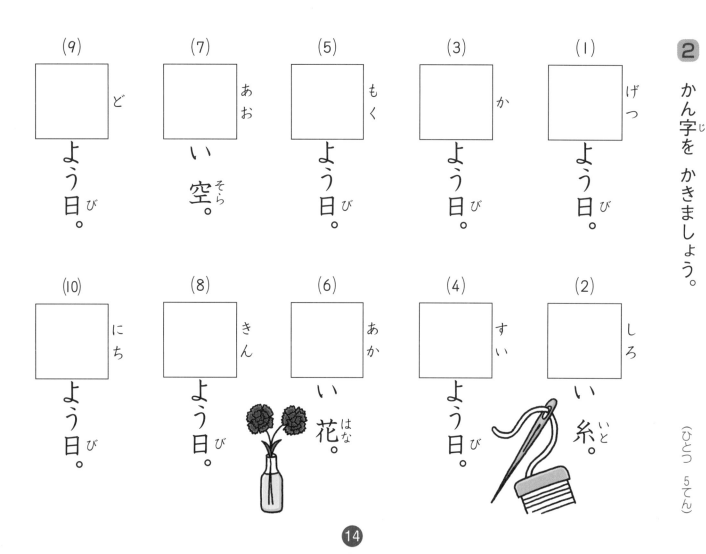

7 もう 一《いっ》かい、よみかきチェック ①

月　日

てん

1 かん字《じ》の よみがなを かきましょう。（ひとつ 5てん）

(1) （　）日 よう日《び》は （　）一 ばんに おきる。

(2) （　）二 月《がっ》に （　）白 い ゆきが ふる。

(3) （　）四 月《がっ》に （　）赤 い 花《はな》が さく。

(4) （　）五 月《がっ》で （　）六 さいに なる。

(5) （　）八 月《がっ》の （　）青 い 空《そら》。

2 かん字《じ》を かきましょう。

（ひとつ 5てん）

(1) □《さん》月《がつ》の □《ど》よう日《び》。

(2) □《げつ》よう日《び》と □《か》よう日《び》。

(3) □《すい》よう日《び》と □《もく》よう日《び》。

(4) □《きん》よう日《び》の □《しち》じの ニュース。

(5) □《じゅう》円玉《えんだま》が □《きゅう》まい ある。

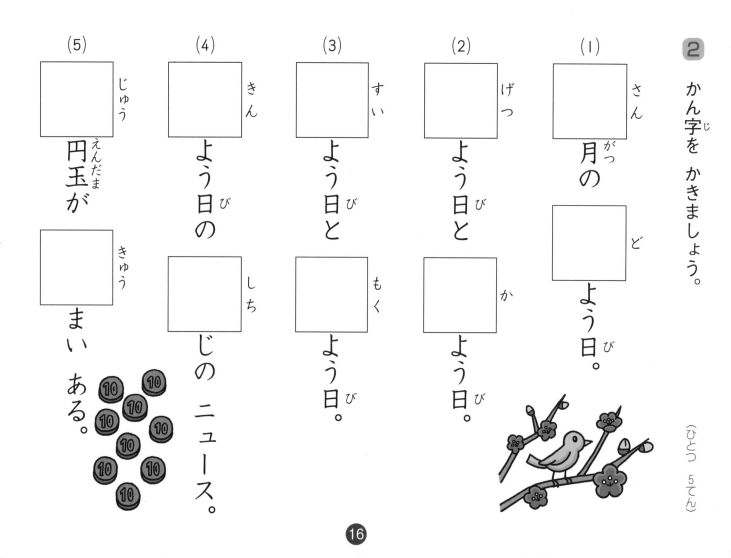

8 いっしょに おぼえる 一年生《いちねんせい》で ならう かん字《じ》 ⑤
（人・男・女・子・王）

月　日

てん

1 かん字《じ》を なぞって、つかいかたを おぼえましょう。（ひとつ 6てん）

※ ▢ の よみかたを おぼえよう。

人（つける）
よみかた：ジン　ニン　**ひと**

男（はねる）
よみかた：ダン　ナン　**おとこ**

女（すこし だす）
よみかた：ジョ　（ニョ）　（ニョウ）　**おんな**　（め）

子（はねる）
よみかた：シ　ス　**こ**

王（ながく）
よみかた：**オウ**　―

人《ひと》が とおる。

男《おとこ》の 子《こ》。

女《おんな》の 子《こ》。

子《こ》ども。

王《おう》さま。

2 かん字《じ》を かいて、つかいかたを おぼえましょう。（ひとつ　7てん）

(1) 人《ひと》が おおい。大《おお》きい □《ひと》。

(2) 男《おとこ》の こえ。□《おとこ》の 子《こ》。

(3) 女《おんな》の くつ。□《おんな》の 子《こ》。

(4) 子《こ》ねこ。□《こ》ども。

(5) 王《おう》かん。□《おう》さま。

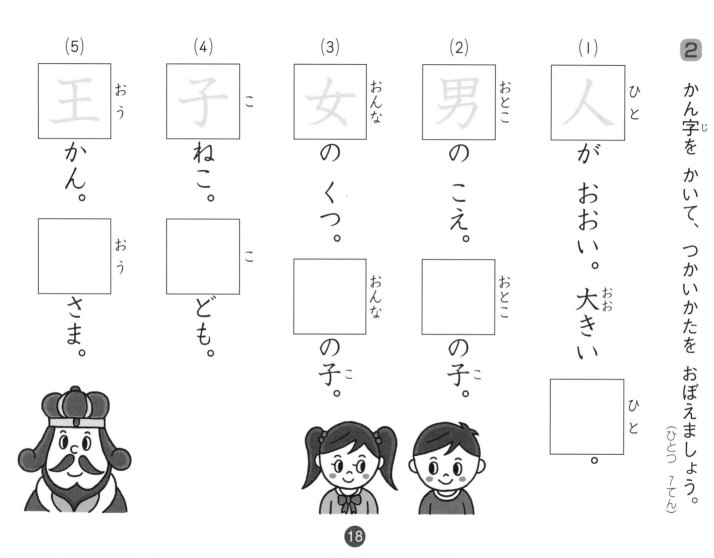

9 いっしょに おぼえる 一年生《いちねんせい》で ならう かん字《じ》 ⑥
（口・目・耳・手・足）

月　日

てん

1 かん字《じ》を なぞって、つかいかたを おぼえましょう。（ひとつ 6てん）

※ ■ の よみかたを おぼえよう。

口
よみかた
コウ
ク
くち

目
よみかた
モク
（ボク）
め
（ま）

耳（つきだす）
よみかた
（ジ）
みみ

手（ながく・はねる）
よみかた
シュ
て
（た）

足（はらう）
よみかた
ソク
あし
たりる
たる・たす

口《くち》を あける。

目《め》で 見《み》る。

耳《みみ》で きく。

手《て》で もつ。

足《あし》で ける。

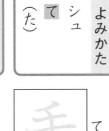

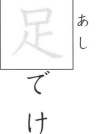

2 かん字《じ》を かいて、つかいかたを おぼえましょう。（ひとつ 7てん）

(1) 口《くち》べに。 □《くち》を あける。

(2) 目《め》じるし。 □《め》で 見《み》る。

(3) 耳《みみ》もと。 □《みみ》を すます。

(4) 手《て》ぶくろ。 □《て》を つなぐ。

(5) 足《あし》あと。 □《あし》が はやい。

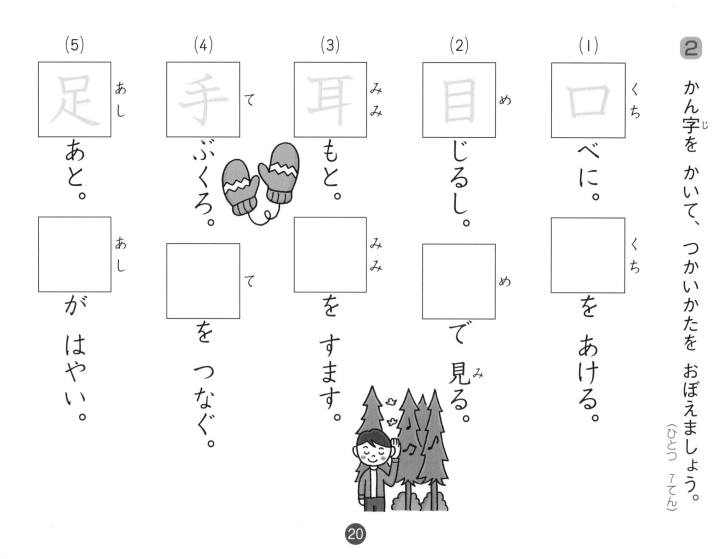

10 おぼえたかな？ チェック ③

月　日

てん

1 かん字《じ》の よみがなを かきましょう。（ひとつ 5てん）

(1) （　　）子ねこ。

(2) （　　）人が おおい。

(3) （　　）王かん。

(4) （　　）男の こえ。

(5) （　　）口べに。

(6) （　　）女の くつ。

(7) （　　）耳もと。

(8) （　　）目じるし。

(9) （　　）足あと。

(10) （　　）手を つなぐ。

2 かん字《じ》を かきましょう。

（ひとつ 5てん）

(1) □《おんな》のこえ。

(2) □《くち》をあける。

(3) □《おとこ》のくつ。

(4) □《め》で見《み》る。

(5) □《おう》さま。

(6) □《あし》でける。

(7) □《て》ぶくろ。

(8) □《ひと》がとおる。

(9) □《こ》ども。

(10) □《みみ》をすます。

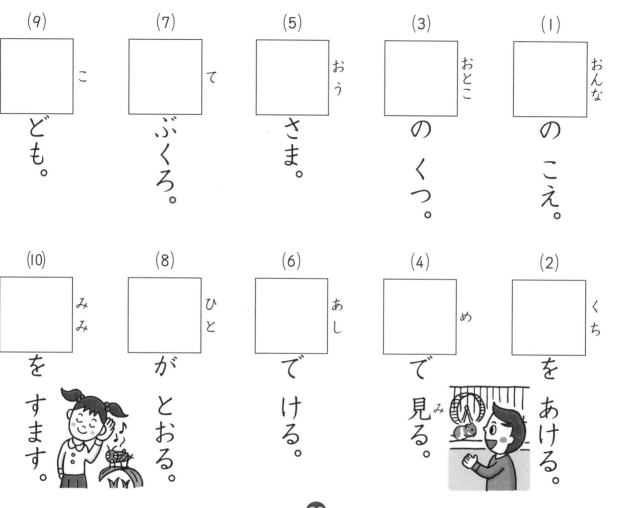

11 いっしょに おぼえる 一年生《いちねんせい》で ならう かん字《じ》 ⑦
（山・川・田・林・森）

月　日

てん

1 かん字《じ》を なぞって、つかいかたを おぼえましょう。（ひとつ 6てん）

※ ■ の よみかたを おぼえよう。

山
よみかた
サン
やま

川
よみかた
（セン）
かわ

田
よみかた
デン
た

林
よみかた
リン
はやし

森
よみかた
シン
もり

はらう　とめる

たかい 山《やま》。

川《かわ》の 水《みず》。

田《た》んぼ。

林《はやし》に 入《はい》る。

森《もり》の 木《き》。

2 かん字《じ》を かいて、つかいかたを おぼえましょう。 (ひとつ 7てん)

(1) 山《やま》のぼり。 □《やま》に のぼる。

(2) 川《かわ》の ながれ。 □《かわ》の 水《みず》。

(3) 田《た》うえ。 □《た》んぼ。

(4) ぞう木《き》林《ばやし》。 くらい □《はやし》。

(5) 森《もり》へ いく。 みどりの □《もり》。

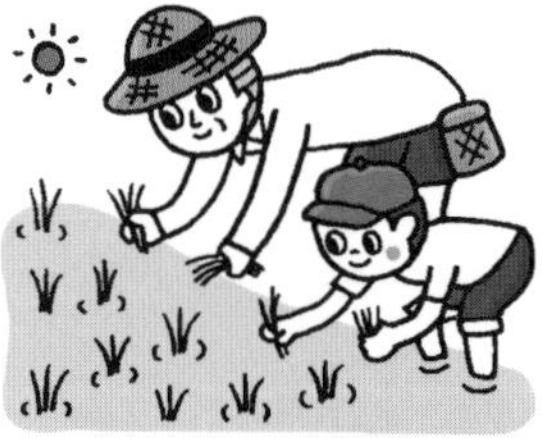

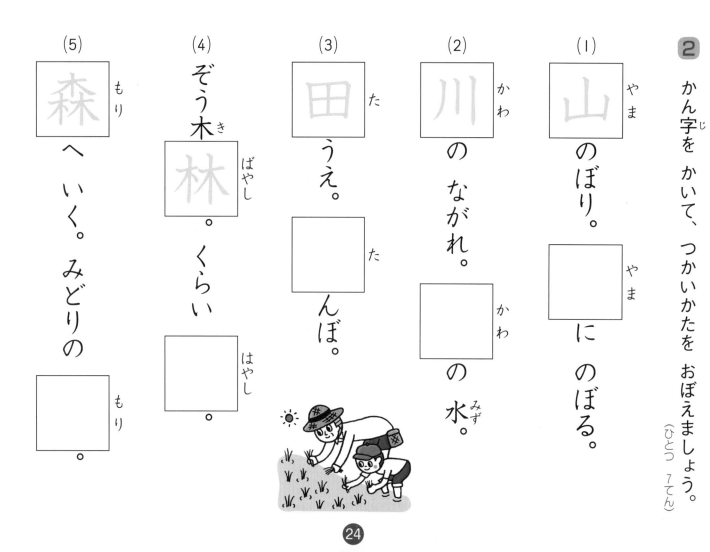

12 いっしょに おぼえる 一年生《いちねんせい》で ならう かん字《じ》 ⑧

（石・空・天・気・雨）

月　日

てん

1 かん字《じ》を なぞって、つかいかたを おぼえましょう。（ひとつ 6てん）

※ ▒ の よみかたを おぼえよう。

石（はらう）
よみかた
セキ
シャク
（コク）
いし

空（まげる）
よみかた
クウ
そら
あく
あける
から

天（したより ながく）
よみかた
テン
（あめ）
あま

気（はねる・とめる）
よみかた
キ
ケ
—

雨（はねる）
よみかた
ウ
あめ
あま

小《ちい》さな 石《いし》。

青《あお》い 空《そら》。

天《てん》気《き》が よい。

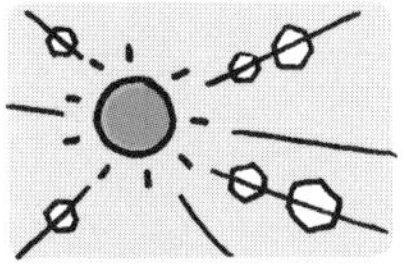

いい 気《き》もち。

雨《あめ》が ふる。

2 かん字《じ》を かいて、つかいかたを おぼえましょう。（ひとつ　7てん）

(1) 石《いし》ころ。まるい □《いし》。

(2) 空《そら》いろ。青《あお》い □《そら》。

(3) 天《てん》気《き》よほう。いい □《てん》気《き》。

(4) いい 気《き》ぶん。□《き》もち。

(5) にわか 雨《あめ》。□《あめ》が ふる。

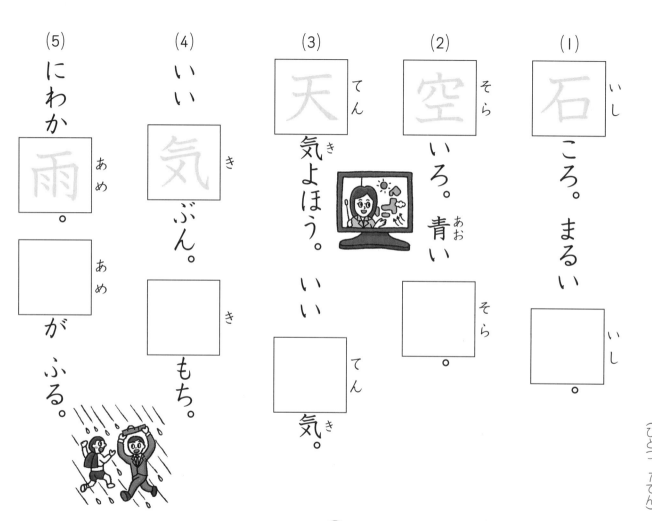

13 おぼえたかな？ チェック ④

月　日

てん

1 かん字《じ》の よみがなを かきましょう。（ひとつ 5てん）

(1) 田うえ。（　　）

(2) たかい 山。（　　）

(3) 石ころ。（　　）

(4) あさい 川。（　　）

(5) 雨ふり。（　　）

(6) 気もち。（　　）

(7) 空いろ。（　　）

(8) 林に 入《はい》る。（　　）

(9) 森の 木《き》。（　　）

(10) いい 天気。（　　）

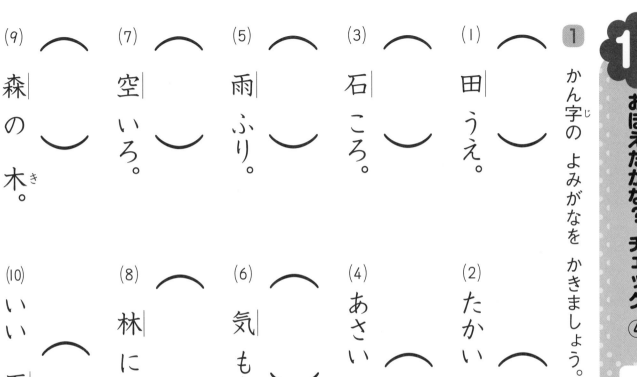

2 かん字《じ》を かきましょう。（ひとつ 5てん）

(1) □《やま》のぼり。

(2) □《いし》を ける。

(3) □《た》んぼ。

(4) いい □《き》もち。

(5) □《かわ》の 水《みず》。

(6) □《あめ》が ふる。

(7) □《てん》きよほう。

(8) □《もり》の 木《き》。

(9) 青《あお》い □《そら》。

(10) □《はやし》に 入《はい》る。

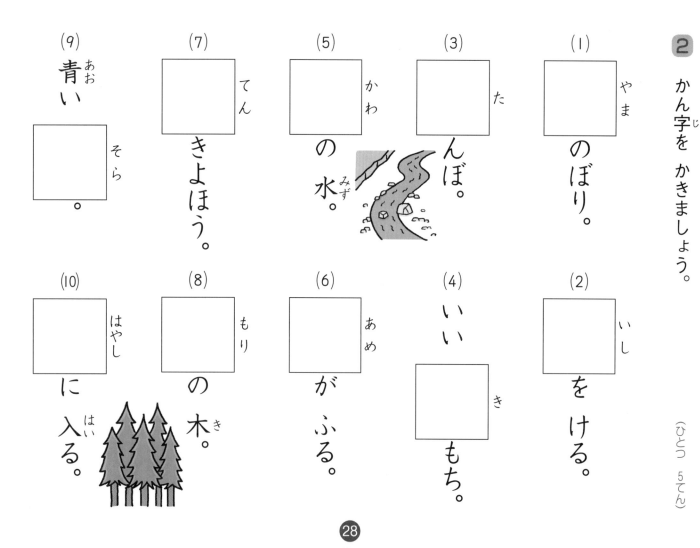

14 もう一《いっ》かい、よみかきチェック ②

月　日

てん

1 かん字《じ》の よみがなを かきましょう。（ひとつ 5てん）

(1) 男（　）の 人（　）が とおる。

(2) 足（　）もとに 口（　）べにを おとす。

(3) 林（　）の 中《なか》で 石（　）を 見《み》つける。

(4) 王（　）さまが 手（　）を ひろげる。

(5) 森（　）の 中《なか》は 気（　）もちが いい。

2 かん字《じ》を かきましょう。

（ひとつ 5てん）

(1) □《かわ》の 水《みず》を □《た》んぼに 入《い》れる。

(2) □《おんな》の □《こ》が あつまる。

(3) □《そら》から □《あめ》が ふる。

(4) □《め》を とじて □《みみ》を すます。

(5) □《やま》の □《てん》□《き》。

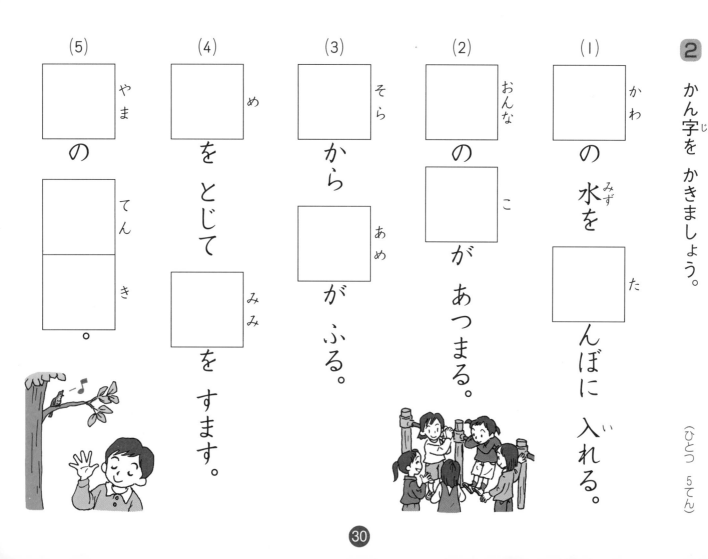

15 いっしょに おぼえる 一年生《いちねんせい》で ならう かん字《じ》 ⑨

（上・下・右・左）

月　日　てん

1 かん字《じ》を なぞって、つかいかたを おぼえましょう。（ひとつ 5てん）

※ の よみかたを おぼえよう。

上（ださない）

よみかた
ジョウ
（ショウ）
うえ・うわ
かみ・**あげる**
あがる・のぼる
（のぼせる）
（のぼす）

下（とめる）

よみかた
カ・ゲ
した・しも
（もと）
さげる
さがる・くだる
くだす・くださる
おろす・おりる

右

よみかた
ウ
ユウ
みぎ

左（ださない）

よみかた
サ
ひだり

上《うえ》に 上《あ》げる。

下《した》に 下《さ》げる。

右《みぎ》に まがる。

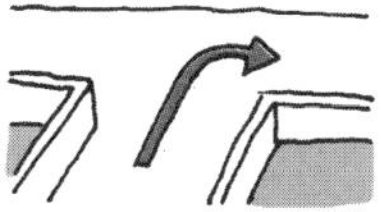

左《ひだり》の 人《ひと》。

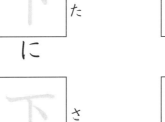

2 かん字《じ》を かいて、つかいかたを おぼえましょう。（ひとつ 7てん）

(1) 木《き》の上《うえ》。□《うえ》を見《み》る。

(2) いすの下《した》。□《した》をむく。

(3) 右《みぎ》がわ。□《みぎ》の人《ひと》。

(4) 左《ひだり》手《て》。□《ひだり》を見《み》る。

(5) もち上《あ》げる。

(6) ぶら下《さ》げる。

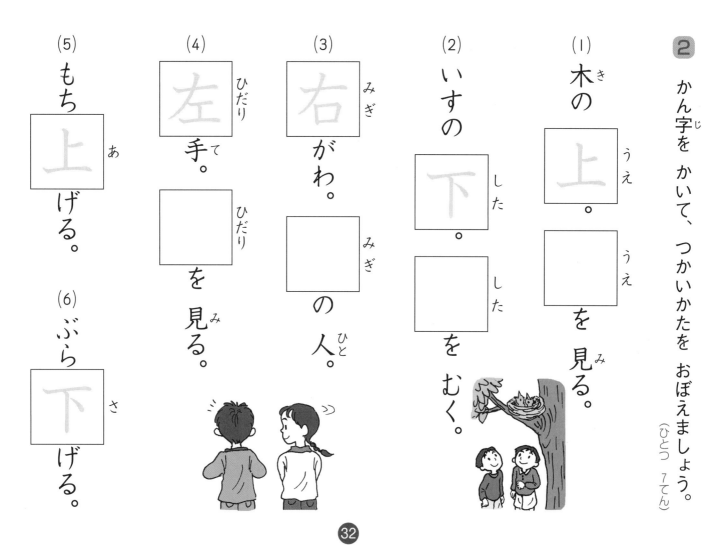

16 いっしょに おぼえる 一年生《いちねんせい》で ならう かん字《じ》 ⑩
（犬・虫・貝・花・草）

月　日

てん

1 かん字《じ》を なぞって、つかいかたを おぼえましょう。（ひとつ 6てん）

※ ▢ の よみかたを おぼえよう。

犬	虫	貝	花	草
わすれないで	とめる	とめる		
よみかた ケン いぬ	よみかた チュウ むし	よみかた ― かい	よみかた カ はな	よみかた ソウ くさ

犬《いぬ》が ほえる。

虫《むし》が とぶ。

貝《かい》の から。

赤《あか》い 花《はな》。

草《くさ》が 生《は》える。

2 かん字《じ》を かいて、つかいかたを おぼえましょう。（ひとつ 7てん）

(1) 犬《いぬ》ごや。□《いぬ》が ねる。

(2) かぶと虫《むし》。小《ちい》さな □《むし》。

(3) 貝《かい》がら。□《かい》の から。

(4) 花《はな》たば。白《しろ》い □《はな》。

(5) 草《くさ》むしり。□《くさ》を とる。

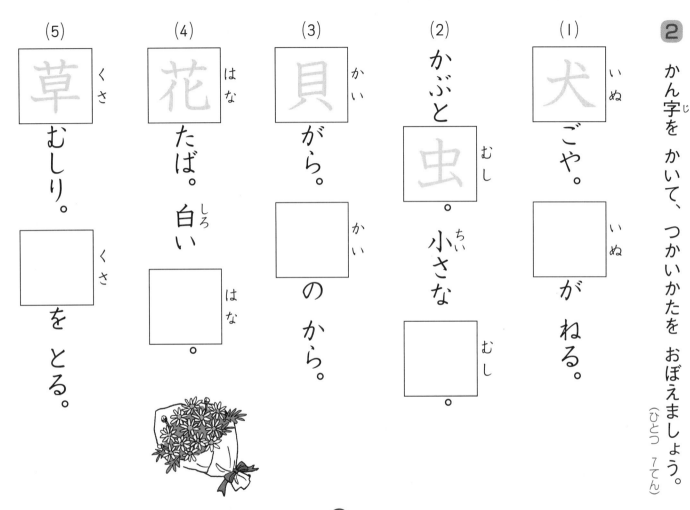

17 おぼえたかな？ チェック ⑤

月　日

てん

1 かん字《じ》の よみがなを かきましょう。（ひとつ 5てん）

(1) 山《やま》の 上。（　）

(2) 木《き》の 下。（　）

(3) 右がわ。（　）

(4) 犬ごや。（　）

(5) 左がわ。（　）

(6) 花たば。（　）

(7) 貝がら。（　）

(8) かぶと 虫。（　）

(9) 草むしり。（　）

(10) ぶら 下げる。（　）

2 かん字《じ》を かきましょう。

(ひとつ 5てん)

(1) □《うえ》を 見《み》る。

(2) □《かい》がら。

(3) □《した》を むく。

(4) 大《おお》きい □《いぬ》。

(5) 赤《あか》い □《はな》。

(6) □《みぎ》を 見《み》る。

(7) くろい □《むし》。

(8) □《ひだり》の 人《ひと》。

(9) □《くさ》を かる。

(10) もち □《あ》げる。

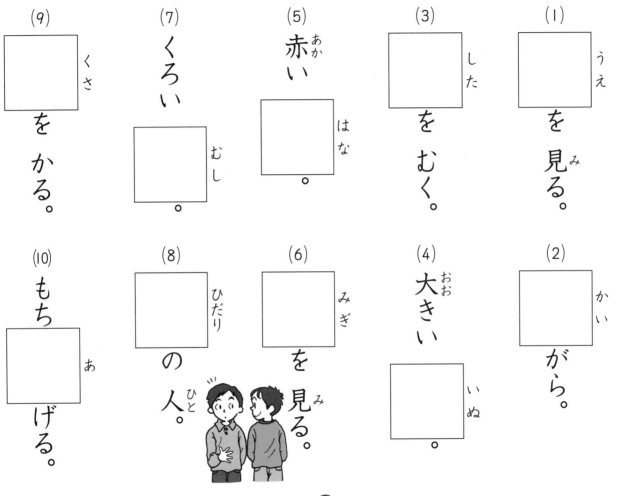

18 いっしょに おぼえる 一年生《いちねんせい》で ならう かん字《じ》 ⑪

（学・校・先・生・年）

月　日

てん

1 かん字《じ》を なぞって、つかいかたを おぼえましょう。（ひとつ 6てん）

※ ▒ の よみかたを おぼえよう。

学　はねる
よみかた　ガク　まなぶ

校　とめる
よみかた　コウ　ー

先　はねる
よみかた　セン　さき

生
よみかた　セイ・ショウ　いきる・いかす　いける・うまれる　うむ・（おう）　はえる・はやす　（き）・なま

年
よみかた　ネン　とし

小《しょう》学《がく》生《せい》。

学《がっ》校《こう》へ いく。

先《せん》とうの 人《ひと》。

男《おとこ》の 先《せん》生《せい》。

一《いち》年《ねん》生《せい》。

2 かん字《じ》を かいて、つかいかたを おぼえましょう。（ひとつ 7てん）

(1) 入《にゅう》学《がく》しき。小《しょう》□《がく》生《せい》。

(2) てん校《こう》する。学《がっ》□《こう》。

(3) 先《せん》月《げっ》の 十日《とおか》。□《せん》とうの 人《ひと》。

(4) 中学《ちゅうがく》生《せい》。□《せん》□《せい》の 手《て》。

(5) 二《に》年《ねん》まえ。□《いち》□《ねん》生《せい》。

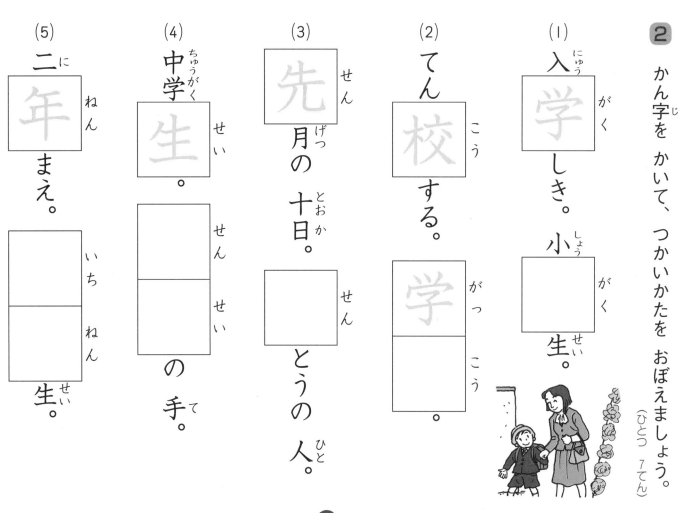

19 いっしょに おぼえる 一年生《いちねんせい》で ならう かん字《じ》 ⑫
（出・入・立・見・休）

月　日

てん

1 かん字《じ》を なぞって、つかいかたを おぼえましょう。（ひとつ　6てん）

※ ▒ の よみかたを おぼえよう。

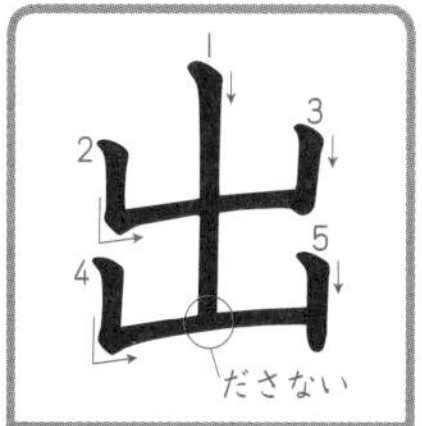

よみかた
シュツ
（スイ）
でる
だす

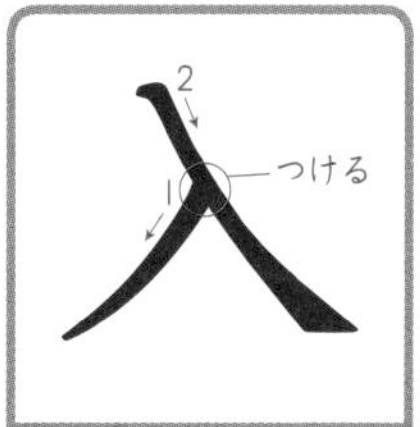

よみかた
ニュウ
いる
いれる
はいる

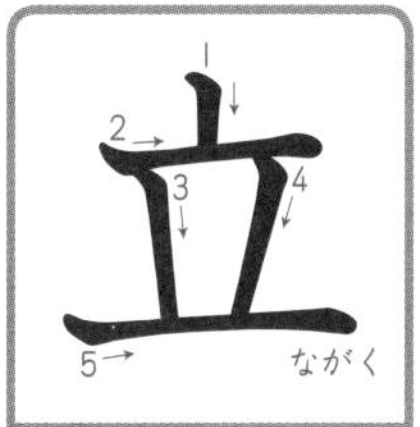

よみかた
リツ
（リュウ）
たつ
たてる

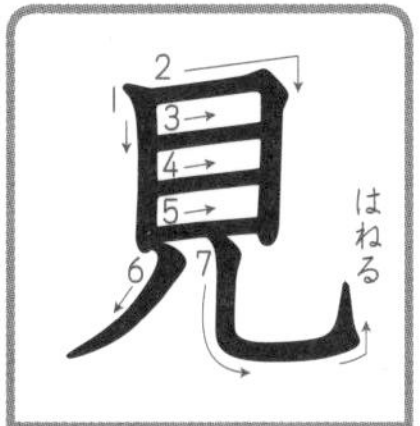

よみかた
ケン
みる
みえる
みせる

よみかた
キュウ
やすむ
やすまる
やすめる

そとに 出《で》る。

中《なか》に 入《はい》る。

上《うえ》に 立《た》つ。

そとを 見《み》る。

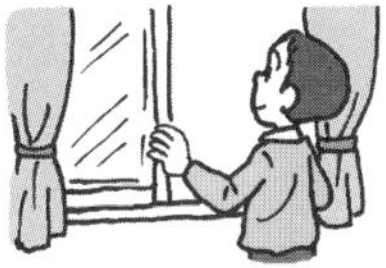

へやで 休《やす》む。

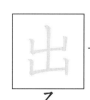

2 かん字《じ》を かいて、つかいかたを おぼえましょう。（ひとつ 7てん）

(1) とび出《で》る。 いえを□《で》る。

(2) 山《やま》に入《はい》る。 へやに□《はい》る。

(3) 立《た》ち上《あ》がる。 人《ひと》が□《た》つ。

(4) よく見《み》える。 えを□《み》る。

(5) ひる休《やす》み。 一日《いちにち》□《やす》む。

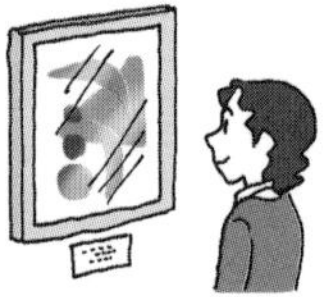

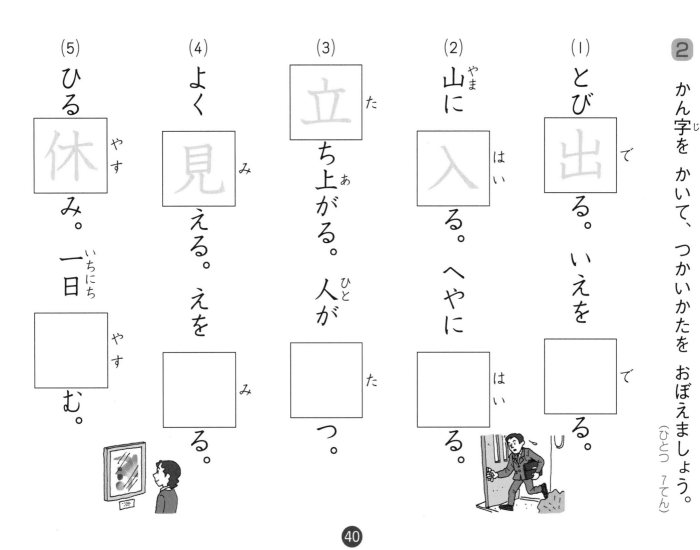

20 おぼえたかな？ チェック⑥

月　日

てん

1 かん字《じ》の よみがなを かきましょう。（ひとつ 5てん）

(1) よく 見る。（　　）

(2) 先とうの 人《ひと》。（　　）

(3) ひる休み。（　　）

(4) 一年かん。（　　）

(5) 森《もり》に 入る。（　　）

(6) 小《しょう》学校。（　　）

(7) とび出る。（　　）

(8) 女《おんな》の 先生。（　　）

(9) 立ち上《あ》がる。（　　）

(10) 二年生。（　　）

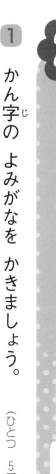

2 かん字《じ》を かきましょう。

（ひとつ 5てん）

(1) 入《にゅう》□《がく》しき。

(2) そとに□《で》る。

(3) てん□《こう》生《せい》。

(4) へやで□《やす》む。

(5) 中《なか》に□《はい》る。

(6) 月《つき》を□《み》る。

(7) 上《うえ》に□《た》つ。

(8) □《いち》□《ねん》生《せい》。

(9) □《がっ》□《こう》の□《せん》□《せい》。

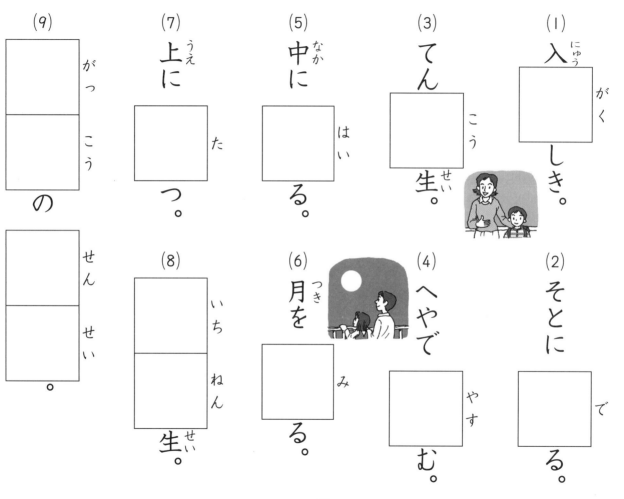

21 もう 一《いっ》かい、よみかきチェック ③

月　日

てん

1 かん字《じ》の よみがなを かきましょう。（ひとつ 5てん）

(1) 虫が 出て くる。

(2) だいの 上に 立つ。

(3) きれいな 貝がらを 見る。

(4) 花《か》だんの 左に 花が おおい。

(5) 一年生が 中《なか》に 入る。

2 かん字《じ》を かきましょう。（ひとつ 5てん）

(1) □《みぎ》がわを □《み》る。

(2) □《くさ》の □《した》に 虫《むし》が いる。

(3) □《いぬ》が そとに □《で》る。

(4) □《がっ》□《こう》を □《やす》む。

(5) □《せん》□《せい》が まえに □《た》つ。

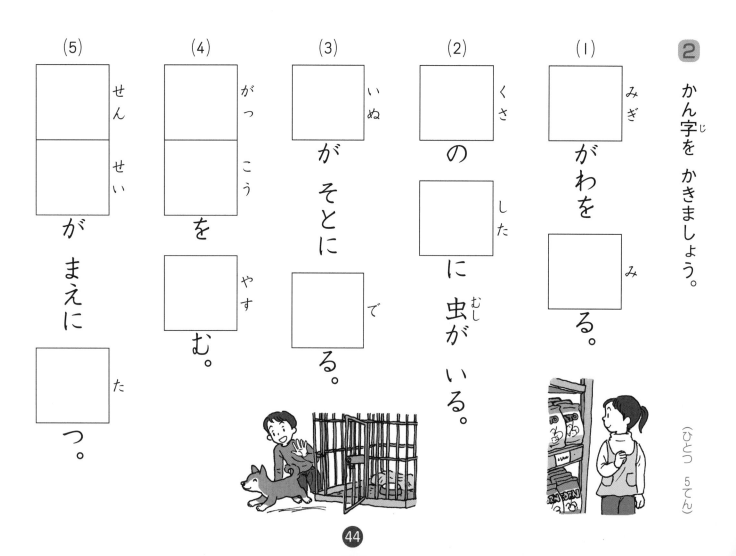

22 よみまちがえやすい 一年生《いちねんせい》で ならう かん字《じ》 ①
（九・四・七・学）

月　日

てん

1 よみがなを なぞって、よみかたを おぼえましょう。（ひとつ 5てん）

(1) 九っ ある。（ここの）

(2) 九っ とる。（ここの）

(3) 四っ ある。（よっ）

(4) 四つの 花《はな》。（よっ）

(5) 七月 七日《なのか》。（しちがつ）

(6) 七五三。（しちごさん）

(7) 九ひきの 犬《いぬ》。（きゅう）

(8) 小学生。（しょうがくせい）

(3)・(4)は、「よつ」では ないよ。

2 正《ただ》しい よみかたを、◯で かこみましょう。（ひとつ 6てん）

(1) 九つ ある。
（ここの ・ きゅう）

(2) 九かい とぶ。
（ここの ・ きゅう）

(3) 四つの もも。
（よ ・ よっ）

(4) 四人《にん》で はなす。
（よ ・ よっ）

(5) 七月《がつ》十日《とおか》。
（なの ・ しち）

(6) 七いろの にじ。
（なな ・ しち）

(7) 九本《ほん》の 木《き》。
（きゅ ・ きゅう）

(8) 九つの みかん。
（ここの ・ きゅう）

(9) 学校《こう》へ いく。
（がく ・ がっ）

(10) 小《しょう》学生《せい》の かさ。
（がく ・ がっ）

23 よみまちがえやすい 一年生《いちねんせい》で ならう かん字《じ》 ②

（六・八・入・五・日）

月　日

てん

1 よみがなを なぞって、よみかたを おぼえましょう。（ひとつ 5てん）

(1) 六（むっ）つ ある。

(2) 六（むっ）つの 子《こ》。

(3) 八（やっ）つ ある。

(4) 八（やっ）つ とる。

(5) 中《なか》に 入（はい）る。

(6) へやに 入（はい）る。

(7) 五日（いつか） かかる。

(8) 三日（みっか） まえ。

(7)・(8)の 「日」は、「にち」では ないよ。

2 正《ただ》しい よみかたを、◯で かこみましょう。（ひとつ 6てん）

(1) 六月《がつ》の 天気《てんき》。
（ ろく ／ むっ ）

(2) 六つの たまご。
（ む ／ むっ ）

(3) 八本《ほん》の 木《き》。
（ はち ／ やっ ）

(4) 八つの りんご。
（ や ／ やっ ）

(5) 力《ちから》を 入れる。
（ い ／ はい ）

(6) ふろに 入る。
（ いれ ／ はい ）

(7) 五日《か》 かかる。
（ いつ ／ ご ）

(8) 五人《にん》で あそぶ。
（ いつ ／ ご ）

(9) 四《よっ》日 たつ。
（ にち ／ か ）

(10) 六《むい》日めの あさ。
（ にち ／ か ）

24 おぼえたかな？ チェック ⑦

月　日

てん

1 かん字《じ》の よみがなを かきましょう。（ひとつ 5てん）

(1) 四つ ある。（　　）

(2) 六つ ある。（　　）

(3) 九つ とる。（　　）

(4) 八つ とる。（　　）

(5) 九本《ほん》の 木《き》。（　　）

(6) 七五三。（ごさん）

(7) 三日 まえ。（みっ）

(8) 五日かん。（　　）

(9) へやに 入る。（　　）

(10) 小学生。（　　）

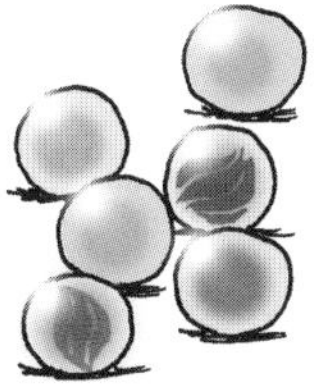

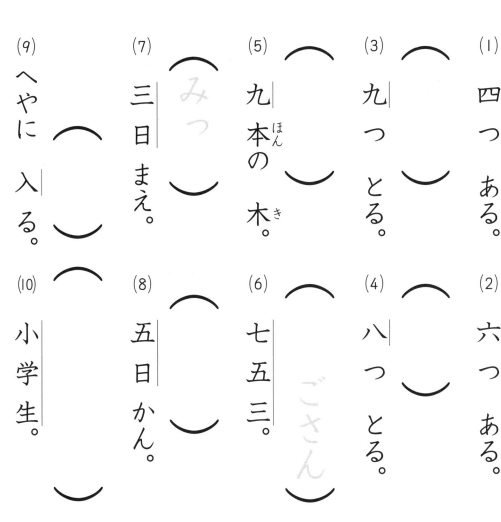

2 かん字《じ》の よみがなを かきましょう。（ひとつ 5てん）

(1) 四つの 子《こ》。

(2) 六つの 子《こ》。

(3) 八つ たす。

(4) 九つ たす。

(5) 九かいめ。

(6) 中《なか》に 入る。

(7) 五日 まえ。

(8) 七月 七日《なのか》。

(9) 三日 たつ。

(10) 小学生。

⑽の 「小」を 「しょお」と、
「生」を 「せえ」と かかないように
気《き》を つけよう！

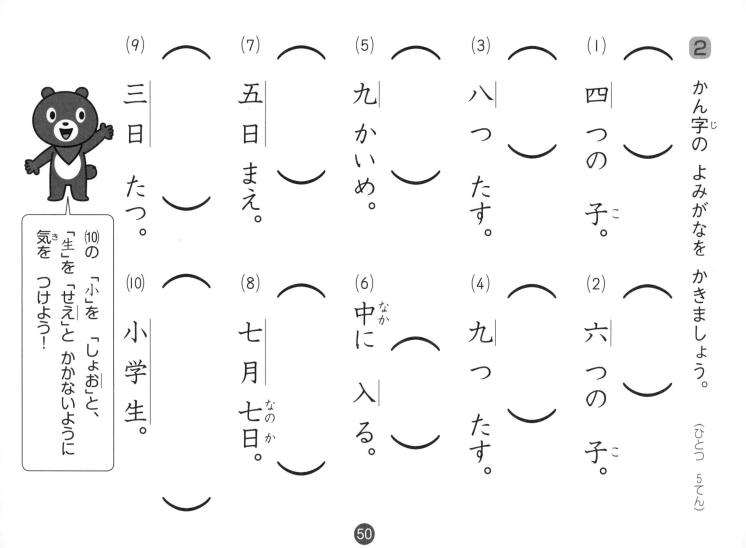

25 かきまちがえやすい 一年生《いちねんせい》で ならう かん字《じ》

（千・字・玉・町・車）①

月　日

てん

1 かん字《じ》を なぞって、つかいかたを おぼえましょう。（ひとつ　6てん）

※ ▭ の よみかたが まちがえやすい。

千（みぎから はらう）
よみかた：セン　ち

字
よみかた：ジ　（あざ）

玉（わすれないで）
よみかた：ギョク　たま

町（はねる）
よみかた：チョウ　まち

車（ながく）
よみかた：シャ　くるま

千《せん》円《えん》さつ。

字《じ》を かく。

水《みず》玉《たま》もよう。

町《まち》なみ。

いえが たちならぶ ようす。

車《くるま》に のる。

2 かん字《じ》を かいて、つかいかたを おぼえましょう。（ひとつ　7てん）

(1) 千《せん》人《にん》あつまる。
□《せん》円《えん》さつ。

(2) 字《じ》をよむ。
□《じ》をかく。

(3) シャボン玉《だま》。
水《みず》□《たま》もよう。

(4) となり町《まち》。
□《まち》なみ。

(5) 赤《あか》い車《くるま》。
□《くるま》にのる。

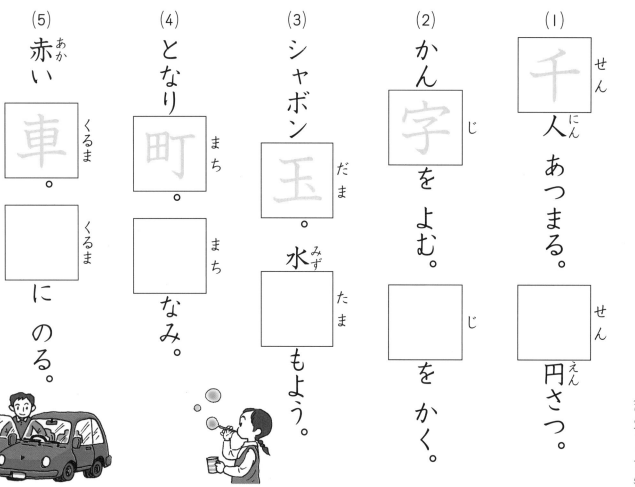

26 かきまちがえやすい 一年生《いちねんせい》で ならう かん字《じ》②
（正・大・力・早・音）

月　日

てん

1 かん字《じ》を なぞって、つかいかたを おぼえましょう。（ひとつ 6てん）

※ ▢ の よみかたが まちがえやすい。

正	大	力	早	音
ださない		はねる	ながく	ながく
よみかた セイ ショウ **ただしい** ただ**す** まさ	よみかた ダイ タイ おお おお**きい** おお**いに**	よみかた リョク リキ ちから	よみかた ソウ （サッ） **はやい** はや**まる** はや**める**	よみかた オン （イン） おと ね

正《ただ》しい こたえ。

大《おお》いそぎ。

力《ちから》が つよい。

早《はや》く おきる。

くつの 音《おと》。

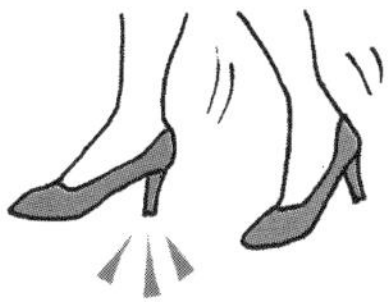

2 かん字《じ》を かいて、つかいかたを おぼえましょう。（ひとつ 7てん）

(1) れいぎ 正《ただ》しい。 □《ただ》しく かく。

(2) 大《おお》男《おとこ》が あるく。 □《おお》いそぎ。

(3) うでの 力《ちから》。 つよい □《ちから》。

(4) 早《はや》おき。 □《はや》く ねる。

(5) 足《あし》音《おと》。 車《くるま》の □《おと》。

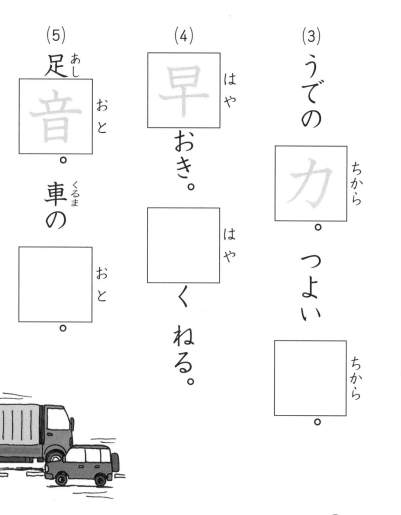

27 おぼえたかな？ チェック ⑧

月　日

てん

1 かん字《じ》を かきましょう。（ひとつ　5てん）

(1) □《せん》円《えん》出《だ》す。

(2) □《ただ》しく かく。

(3) となり□《まち》。

(4) □《くるま》に のる。

(5) つよい □《ちから》。

(6) □《じ》を かく。

(7) □《はや》く ねる。

(8) シャボン□《だま》。

(9) くつの □《おと》。

(10) □《おお》いそぎ。

2 かん字《じ》を かきましょう。

（ひとつ 5てん）

(1) □《せん》円《えん》さつ。 □《じゅう》円《えん》だま。

(2) 水《みず》□《たま》もよう。 □《おう》さま。

(3) かん□《じ》で かく。 □《こ》ども。

(4) □《はや》い じかん。 □《にち》ようび。

(5) ピアノの □《おと》。 □《た》ち上《あ》がる。

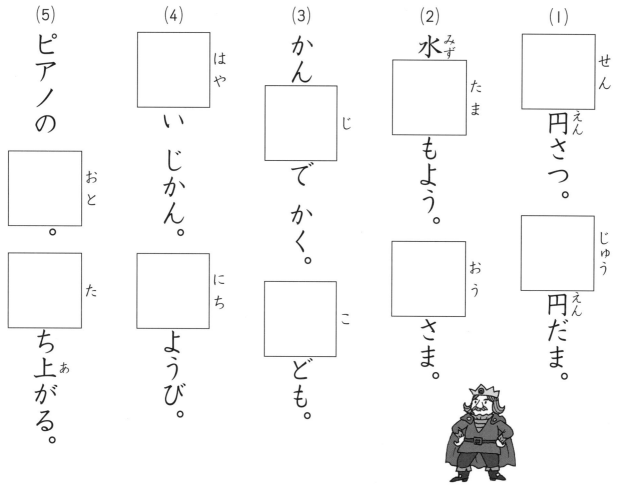

28 もう 一《いっ》かい、よみかきチェック ④

月　日

てん

1 かん字《じ》の よみがなを かきましょう。

（ひとつ　5てん）

(1) 四つと 六つの 男《おとこ》の子《こ》。

(2) あめが 八つか 九つ ある。

(3) 七月に 三日 休《やす》む。

(4) 小学生が 中《なか》に 入る。

(5) 五日め。

(6) 九本《ほん》の 木《き》。

2 かん字《じ》を かきましょう。

（ひとつ 5てん）

(1) □《はや》く □《ちから》を 入《い》れる。

(2) □《おう》さまと □《せん》人《にん》の けらい。

(3) □《くるま》で となり □《まち》へ いく。

(4) □《ただ》しい □《じ》を かく。

(5) □《おお》男《おとこ》が あるく □《おと》。

これで「かん字《じ》」の 学《がく》しゅうは おわりだよ。よく がんばったね。

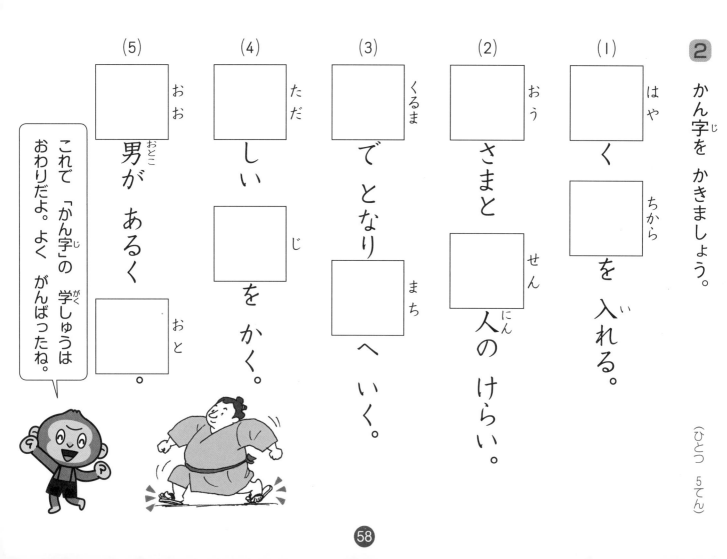

こたえ

●（　）は　べつの　こたえです。
●ことばで　かく　もんだいでは、ぜんぶ　かけて　一《ひと》つの　正《せい》かいです。
●一年生《いちねんせい》で　ならわない　かん字《じ》や　よみかたは、こたえとして　あつかって　いません。

1　いっしょに　おぼえる　一年生で　ならう　かん字①　3・4ページ

1　つかいかたを　おぼえましょう。

2
(1) 一・一
(2) 二・二
(3) 三・三
(4) 四・四
(5) 五・五

2　いっしょに　おぼえる　一年生で　ならう　かん字②　5・6ページ

1　つかいかたを　おぼえましょう。

2
(1) 六・六
(2) 七・七
(3) 八・八
(4) 九・九
(5) 十・十

3　おぼえたかな？　チェック①　7・8ページ

1
(1) いち　(2) ろく　(3) に
(4) はち　(5) さん　(6) しち
(7) じゅう　(8) ご　(9) し
(10) きゅう

2
(1) 一　(2) 六
(3) 二　(4) 七
(5) 八　(6) 三
(7) 九　(8) 四
(9) 五　(10) 十

4　いっしょに　おぼえる　一年生で　ならう　かん字③　9・10ページ

1　つかいかたを　おぼえましょう。

2
(1) 月・月
(2) 火・火
(3) 水・水
(4) 木・木
(5) 金・金

5 いっしょに おぼえる 一年生で ならう かん字④ 11・12ページ

1 つかいかたを おぼえましょう。

2 (1)土・土 (2)日・日 (3)白・白 (4)赤・赤 (5)青・青

6 おぼえたかな? チェック② 13・14ページ

1 (1)げつ (2)か (3)すい (4)しろ (5)もく (6)にち (7)きん (8)あか (9)ど (10)あお

2 (1)月 (2)白 (3)火 (4)水 (5)木 (6)赤 (7)青 (8)金 (9)土 (10)日

7 もう 一かい、よみかきチェック① 15・16ページ

1 (1)にち・いち (2)に・しろ (3)し・あか (4)ご・ろく (5)はち・あお

2 (1)三・土 (2)月・火 (3)水・木 (4)金・七 (5)十・九

8 いっしょに おぼえる 一年生で ならう かん字⑤ 17・18ページ

1 つかいかたを おぼえましょう。

2 (1)人・人 (2)男・男 (3)女・女 (4)子・子 (5)王・王

9 いっしょに おぼえる 一年生で ならう かん字⑥ 19・20ページ

1 つかいかたを おぼえましょう。

2 (1)口・口 (2)目・目 (3)耳・耳 (4)手・手 (5)足・足

10 おぼえたかな？ チェック③ 21・22ページ

1 (1)こ (2)ひと (3)おう (4)おとこ (5)くち (6)おんな (7)みみ (8)め (9)あし (10)て

2 (1)女 (2)口 (3)男 (4)目 (5)王 (6)足 (7)手 (8)人 (9)子 (10)耳

11 いっしょに おぼえる 一年生で ならう かん字⑦ 23・24ページ

1 つかいかたを おぼえましょう。

2 (1)山・山 (2)川・川 (3)田・田 (4)林・林 (5)森・森

12 いっしょに おぼえる 一年生で ならう かん字⑧ 25・26ページ

1 つかいかたを おぼえましょう。

2 (1)石・石 (2)空・空 (3)天・天 (4)気・気 (5)雨・雨

13 おぼえたかな？ チェック④ 27・28ページ

1 (1)た (2)やま (3)いし (4)かわ (5)あめ (6)き (7)そら (8)はやし (9)もり (10)てんき

2 (1)山 (2)石 (3)田 (4)気 (5)川 (6)雨 (7)天 (8)森 (9)空 (10)林

14 もう 一かい、よみかきチェック② 29・30ページ

1 (1)おとこ・ひと (2)あし・くち (3)はやし・いし (4)おう・て (5)もり・き

2 (1)川・田 (2)女・子 (3)空・雨 (4)目・耳 (5)山・天気

15 いっしょに おぼえる 一年生で ならう かん字⑨ 31・32ページ

1 つかいかたを おぼえましょう。

2 (1)上・上 (2)下・下 (3)右・右 (4)左・左 (5)上 (6)下

16 いっしょに おぼえる 一年生で ならう かん字⑩ 33・34ページ

1 つかいかたを おぼえましょう。

2 (1)犬・犬 (2)虫・虫 (3)貝・貝 (4)花・花 (5)草・草

17 おぼえたかな? チェック⑤ 35・36ページ

1 (1)うえ (2)した (3)みぎ (4)いぬ (5)ひだり (6)はな (7)かい (8)むし (9)くさ (10)さ

2 (1)上 (2)貝 (3)下 (4)犬 (5)花 (6)右 (7)虫 (8)左 (9)草 (10)上

18 いっしょに おぼえる 一年生で ならう かん字⑪ 37・38ページ

1 つかいかたを おぼえましょう。

2 (1)学・学 (2)校・学校 (3)先・先 (4)生・先生 (5)年・一年

19 いっしょに おぼえる 一年生で ならう かん字⑫ 39・40ページ

1 つかいかたを おぼえましょう。

2 (1)出・出 (2)入・入 (3)立・立 (4)見・見 (5)休・休

20 おぼえたかな？ チェック⑥ 41・42ページ

1
(1)み (2)せん (3)やす
(4)いちねん (5)はい
(6)がっこう (7)で
(8)せんせい (9)た
(10)にねんせい

2
(1)学 (2)出
(3)校 (4)休
(5)入 (6)見
(7)立 (8)一年
(9)学校・先生

21 もう 一かい、よみかきチェック③ 43・44ページ

1
(1)むし・で (2)うえ・た
(3)かい・み
(4)ひだり・はな
(5)いちねんせい・はい

2
(1)右・見 (2)草・下
(3)犬・出 (4)学校・休
(5)先生・立

22 よみまちがえやすい 一年生で ならう かん字① 45・46ページ

1
よみかたを おぼえましょう。

2
(1)ここの (2)きゅう
(3)よっ (4)よ (5)しち
(6)なな (7)きゅう
(8)ここの (9)がっ
(10)がく

23 よみまちがえやすい 一年生で ならう かん字② 47・48ページ

1
よみかたを おぼえましょう。

2
(1)ろく (2)むっ (3)はち
(4)やっ (5)い (6)はい
(7)いつ (8)ご (9)か
(10)か

24 おぼえたかな？ チェック⑦ 49・50ページ

1
(1)よっ (2)むっ (3)ここの
(4)やっ (5)きゅう
(6)しちごさん (7)みっか
(8)いつか (9)はい
(10)しょうがくせい

2
(1)よっ (2)むっ (3)やっ
(4)ここの (5)きゅう
(6)はい (7)いつか
(8)しちがつ (9)みっか
(10)しょうがくせい

25 かきまちがえやすい 一年生で ならう かん字①

51・52ページ

1 つかいかたを おぼえましょう。

2 (1)千・千 (2)字・字 (3)玉・玉 (4)町・町 (5)車・車

※(3)「玉」は、「王」と かたちが にて いるよ。てんを わすれないで かこう。

26 かきまちがえやすい 一年生で ならう かん字②

53・54ページ

1 つかいかたを おぼえましょう。

2 (1)正・正 (2)大・大 (3)力・力 (4)早・早 (5)音・音

※(4)「はやい 車《くるま》」の ときは、べつの 字《じ》(速)を つかうよ。

27 おぼえたかな? チェック⑧

55・56ページ

1 (1)千 (2)正 (3)町 (4)車 (5)力 (6)字 (7)早 (8)玉 (9)音 (10)大

2 (1)千・十 (2)玉・王 (3)字・子 (4)早・日 (5)音・立

28 もう 一かい、よみかきチェック④

57・58ページ

1 (1)よっ・むっ (2)やっ・ここの (3)しちがつ・みっか (4)しょうがくせい・はい (5)いつか (6)きゅう

2 (1)早・力 (2)王・千 (3)車・町 (4)正・字 (5)大・音